AF337621

Extrait du Bulletin de la Société Polymatique du Morbihan

UNE BÉVUE

DE LA POLICE DU DIRECTOIRE

(1798-1799)

PAR

M. LE DR G. DE CLOSMADEUC

Président de la Société Polymathique du Morbihan

VANNES

IMPRIMERIE GALLES, RUE DE L'HOTEL-DE-VILLE

—

1903

UNE

BÉVUE de la POLICE du DIRECTOIRE (1798-1799)

—

LETTRES (d'Angleterre)

D'une Dame K.... de Pontivy

(1790-1798)

—

Vers la fin de l'année 1798, la France, menacée de toutes parts, avait à garantir son territoire contre les menées de l'Angleterre, qui venait de s'allier à la Russie. Le gouvernement républicain ordonnait d'exercer une active surveillance sur les correspondances qui passaient la Manche.

Une lettre, datée de Henley (Angleterre), tomba entre les mains de la police du Directoire ; elle était adressée à la *citoyenne Mathurine Lejeune, à Pontivy, Bretagne.* Dans cette lettre, que les limiers du ministère avaient mal lue, comme la suite le démontra, on signalait des passages suspects.

Le Ministre de la police, ex-avocat normand, ancien conventionnel nommé Duval, s'empressa d'écrire à l'administration départementale du Morbihan, en lui envoyant la lettre décachetée, avec ordre de procéder à une enquête sur la citoyenne Lejeune, de Pontivy.

Aussitôt la réception de la missive ministérielle, le commissaire central du Morbihan, le citoyen Lemaillaud, prit conseil d'un de ses collègues (le citoyen Boullé, ancien procureur syndic du département du Morbihan, membre du Conseil des Cinq-Cents), qui avait habité Pontivy, pendant plusieurs années, avant la Révolution et en avait été maire. Celui-ci déclara qu'il connaissait parfaitement la famille Lejeune ; que notamment Mathurine Lejeune était une excellente patriote, ainsi que sa nièce Annette ; et que tout Pontivy pourrait en témoigner. Les deux administrateurs en inféraient, à première vue, que les passages de la lettre incriminée, auxquels le Ministre faisait allusion, ne pouvaient qu'avoir été mal interprétés. Ils pensaient « que l'auteur de la lettre ne parlait ce langage que pour faire connaître ce qui se passe en Angleterre et pour que d'ailleurs ses dépêches ne soient point arrêtées » par la police du cabinet britannique.

La réponse vint confirmer les premières impressions des administrateurs de Vannes. — L'administrateur de Pontivy s'était transporté chez la citoyenne Lejeune, qui ne put que manifester son étonnement lorsqu'on lui exhiba la lettre de sa sœur, qu'on accusait d'être une ennemie de son pays. De la part du Ministre de la police, il y avait évidemment méprise.

La citoyenne Lejeune remit sur-le-champ un paquet de toutes les lettres de sa sœur qu'elle put trouver écrites précédemment, et qui toutes prouvaient que l'auteur était non seulement une femme de beaucoup d'esprit et de cœur, mais encore une personne aimant son pays ainsi que sa famille, et animée du plus pur patriotisme.

Le paquet de lettres fut expédié à l'administration centrale du Morbihan, où on put s'assurer, par une lecture attentive, que le Ministre de la police avait commis une véritable bévue, en prenant pour l'expression de sentiments personnels des paroles que l'auteur mettait, sous une forme ironique, dans la bouche des Anglais. On lira cette lettre, qui est la dixième et dernière de la collection. Elle est rédigée avec une telle habileté que la police anglaise a dû y être trompée elle-même.

Le Ministre fut édifié par les renseignements qui lui parvinrent, et l'affaire en resta là.

Au lieu de renvoyer les lettres à sa propriétaire, comme on l'avait promis, on les oublia dans les liasses courantes de l'administration départementale ; elles y dormaient depuis plus de cent ans, lorsque le hasard nous les a fait découvrir.

Donnons d'abord la lettre que le ministre de la police, Duval, adressait au commissaire central du Morbihan, en lui envoyant la lettre incriminée. Elle prête à rire. C'est du style de l'an VII. Elle fait songer à la fable : parturient montes, nascetur ridiculus mus.

Paris, 5 Nivose an VII.

*Lettre du Ministre de la police au Commissaire central
du Morbihan.*

« Vous trouverez ci-jointe, citoyen, une lettre venant
d'Angleterre adressée à la femme *Mathurine Lejeune, à
Pontivy.*

« Cette lettre, qui d'un bout à l'autre respire le fanatisme
de la Royauté, est écrite par un *individu* qui se dit *frère* de
la femme à qui elle est écrite. Il paraît que cette femme
partage les opinions de son *frère,* qui épanche avec complai-
sance dans son sein son ardent amour pour le gouvernement
monarchique.

« Si jamais correspondance a du fixer, dans une république, l'attention des magistrats, c'est celle-ci. Le poison que
l'auteur y répand à grands flots, en annulant pour ainsi dire
les victoires immortelles de nos généraux et en rehaussant
quelques avantages momentanés des Anglais, la rend extrê-
mement dangereuse. »

Salut et fraternité.

DUVAL.

En même temps que la lettre, le Ministre de la police
nvoyait deux lettres de prisonniers français, adressées à leur
famille. L'une était d'un citoyen Jaquolot, de Pontivy, officier
de marine ; l'autre, d'un marin de l'île d'Arz, qui furent
remises à leur famille par les soins de l'administrateur du
Département.

*La municipalité de Pontivy avait répondu au Commissaire
central du Département.*

Liberté, Égalité. — Pontivy, 7 pluviose an VII de la République française
une et indivisible.

Le citoyen près l'administration municipale de Pontivy à
celui près le département du Morbihan.

Citoyen,

Je vous fais passer ci-joint la lettre adressée de Henley à
la citoyenne Lejeune. J'y réunis plusieurs lettres écrites par

sa sœur, depuis 1790. Je ne vous envoie qu'un extrait de deux de ces lettres. Elles contenaient des affaires secrètes de familles qui ne pourraient devenir publiques.

La citoyenne Lejeune regrette d'avoir perdu une grande partie de sa correspondance. Le citoyen Le Bare, excellent patriote, ancien procureur syndic du district de Pontivy, qui est lié dans cette maison, m'a dit qu'elle respirait partout le même patriotisme.

Salut et fraternité.

GUILLON.

La citoyenne Lejeune vous prie de lui retourner ses lettres, quand vous les aurez lues.

Voici maintenant la lettre, saisie à la poste, qui avait causé tant d'émoi au Ministre de la Police.

Henley, 22 Octobre 1798.

« Vous avez donc juré, ma chère sœur, de ne plus m'écrire, et ma fille Annette m'oublie aussi. Je suis pénétrée de l'oubli dans lequel vous me laissez. Mon âme en est toute triste.

J'ai reçu une lettre de Jaquolot, il y a bientôt un mois, et j'ai différé d'envoyer celle-ci jointe, croyant que j'aurais reçu au moins une lettre de ma chère Annette, et que cela eût évité un port de lettre, en répondant par la même occasion. Mais je vois avec chagrin que j'attendrai longtemps. Aussi je vous envoie les incluses. Comme c'est pour la citoyenne Jaquolot, je crois qu'elle ne sera pas fâchée de payer le port. Vous lui direz, en lui faisant mes compliments, que j'ai écrit au citoyen Niou, commissaire du directoire, pour l'échange des prisonniers ; que j'ai écrit de manière à l'intéresser pour son fils, parce que, après que l'échange sera opéré, on dit qu'il restera encore 20.000 prisonniers derrière. C'est ce qui m'a fait prier instamment que le citoyen Jaquolot soit du nombre des échangés. Je n'ai aucun doute qu'il aura égard à ma prière. Je n'ai pas écrit cela à mon fils pour qu'il soit surpris agréablement : l'échange n'a pas encore commencé ; seulement quelques officiers anglais sont arrivés la semaine dernière. Le citoyen Jaquolot se porte très bien et il est aussi heureux qu'on peut l'être dans sa situation. Si aucune de vous deux ne veut m'écrire, dites à Mathurine de le faire. Elle m'a écrit six ou sept lignes à la hâte, pour me dire qu'elle allait à Lorient. Bon Dieu ! ne pas prendre même le temps d'écrire une longne lettre quand nous sommes si éloignées ! Mes enfants ne pensent pas que tout intéresse au loin. Je ne sais pas plus ce qui les regarde que si j'étais aux antipodes. En vérité, vous me rendez l'âme triste. Je n'ai aucune consolation.

La nation où je suis est en délire de joie pour la destruction de la flotte de Toulon, que vous savez ; et, pour ajouter à leur gloire, ils ont défait l'escadre de Brest, pris le *Hoche* et quatre frégates. Il eût été impossible d'échapper aux forces formidables envoyées à leur poursuite, aussitôt que l'on sut qu'ils étaient en mer. Si la République française brille par les troupes de terre, les Anglais se glorifient de les surpasser à la mer. Ne vous flattez pas de vos victoires en France, nous les avons oubliées ici, comme si vous n'aviez rien fait. Nos prouesses maritimes nous mettent au-dessus de mille Républiques françaises. A présent, nous sommes maîtres de la Méditerranée. Nous avons tous les ports turcs, siciliens, et Malte, que nous prendrons en un clin d'œil. Tous les pouvoirs vont se joindre à nous et vous aurez le bonheur d'avoir un roi rétabli en France. Il y a une magique si grande dans les vaisseaux que nous avons pris, que nous allons délivrer toute l'Europe du joug de vos méchants républicains, qui ne sont plus que de petits garçons auprès de nous. Nous aurons grande illumination pour l'escadre de Brest, quoiqu'ils aient jeté par-dessus bord toutes les munitions de guerre, pour qu'elles ne tombent pas en nos mains. Nous n'avons pas moins pris les vaisseaux le 12 octobre. Je pense que vous saurez la nouvelle quand vous recevrez ma lettre et que vous ne serez pas moins contente que moi. Comme vous aurez les détails avant ma lettre, il est inutile de vous les donner. Pour comble de bonheur, ce Bonaparte que vous n'aimez pas plus que moi, qui s'est ingéré d'aller en Égypte, n'a pas de quoi se soutenir dans ce pays. Les Mamelucks, les Arabes, la peste et la famine ont déjà réduit son armée à rien et il doit mourir avant Noël ou plus tôt. Ne serez-vous pas bien contente de cela ?

Pourquoi allait-il se fourrer en Égypte ? sans armes, sans munitions et sans rien pour ainsi dire. Vive l'Angleterre ! la voilà sur le pinacle, en dépit du *vagabond* de Directoire, car nous lui avons donné ce nom. Il viendra à présent, soumis comme un agneau, nous demander la paix. Mais nous lui ferons voir du chemin. Nos alliances nous vont faire des prodiges contre vos diables de Républicains et vous vous trouverez heureux de pouvoir échapper dans ce pays où vous serez reçue comme vous êtes, je crois, aussi bonne loyaliste que moi. Ah ! pauvre France, l'Angleterre va vous délivrer du joug. Qui eût jamais pensé que la perte de quelques vaisseaux ait pu faire un tel prodige ! Mais la chose est telle que je le dis. Nous allons faire monts et merveilles. Le Directoire exécutif, avec sa fierté ordinaire, ne pourra plus se soutenir ; il cédera la place à plus puissant, bon gré malgré. Oh ! oh ! c'est à présent que le brave gouvernement anglais va lui montrér sa supériorité. Le Directoire est fichu. Si vous étiez républicaine, je ne vous écrirais pas dans ce goût-là.

Si vous êtes une bonne fille, vous m'écrirez tout de suite. Je ne vous demande pas de nouvelles politiques. J'en sais assez pour me contenter. Ne remplissez pas votre lettre de ces sottises. Dites-moi tout ce qui regarde la famille et vous. Tout cela me fera plus de plaisir. J'embrasse mon Annette de tout cœur et vous aussi. — Je suis un peu de mauvaise humeur... Mais si vous m'écrivez vous me rendrez ma belle humeur que je garde quelquefois, en dépit des événements de ma triste vie, qui durera tant que la fortune me sera contraire.

Je pense que ma fille Mathurine aura peut-être appris quelque chose de son frère. Son silence m'affecte, mais il faut patienter. Comme on s'attend que le Directoire va demander la paix, à présent qu'ils ont perdu tant de vaisseaux, nous pouvons espérer avoir des nouvelles de lui. Dites à Mathurine de m'écrire une relation de son voyage de Lorient. Écrivez-moi toutes, ou je me fâcherai.

Oh ! comme je languis de ne pas vous voir tous, mes enfants ! Vous ne me sortez pas de la tête. Si jamais la fortune me favorise, nous passerons le reste de ma vie ensemble. J'ai beau l'invoquer, cette Déesse inconstante, elle me fuit. Mais

Dieu me reste. Il a toujours veillé sur moi, et ma philosophie fait le reste. Nous sommes dans des temps si critiques que l'on ne rit pas toujours. Ce qu'il y a de certain, c'est que nous ne craignons plus vos Républicains ni leur armée d'Angleterre. Nous rions de leurs folies et nous nous moquons d'eux de la belle manière.

Je vous écris une drôle de lettre, mais les canons et les cloches, qui carillonnent pour la prise de l'escadre de Brest, ont mis ma cervelle en l'air : Vous prendrez ma lettre comme elle est. Vous devez connaître les effets d'une joie comme celle que je dois ressentir. Mais si j'avais manqué la poste, cela m'eût reculée plus loin, et j'étais anxieuse pour les lettres de deux personnes, les ayant gardées assez longtemps déjà. La lettre dernière de Mathurine a été six semaines à venir. Pour Dieu ! que quelqu'une de vous trois m'écrive par la première poste !

Portez-vous aussi bien que moi. — »

A la distance de 105 ans, on trouvera bien inoffensive cette lettre. Tout Normand qu'il était, le ministre Duval avait commis une grosse bévue, en prenant une femme pour un homme et en interprétant mal la lettre d'une Pontivyenne. Il recevait une petite leçon des administrateurs bretons qui, eux, avaient su lire entre les lignes.

Les autres lettres sont beaucoup plus intéressantes, très longues, toutes pleines de détails curieux et d'aperçus piquants sur la société anglaise et sur les événements de la Révolution.

Ces lettres nous apprennent que Mme veuve Perrin de Kaudrin (née Marguerite Lejeune) résidait en Angleterre depuis 24 ans.

Veuve d'un négociant qui, paraît-il, avait quitté Pontivy par suite de revers de fortune, elle s'était vue dans la nécessité de demander au travail les moyens de vivre. Courageusement elle s'était placée, comme institutrice, dans des familles de la haute aristocratie anglaise.

Au moment où elle écrit sa première lettre, 1790, lle a trois fils et deux filles : Pierre-Marie, Vincent, Julien, Mathurine et Annette.

Les trois fils sont marins. Les deux derniers devaient mourir l'année suivante, en 1791, en pays étranger ou à la mer.

Quant à Pierre-Marie Kaudrin, il est capitaine de navire à l'Ile-de-France, où il paraît être dans une belle position, en 1798.

L'aînée des filles, Mathurine, était religieuse attachée aux hôpitaux de Morlaix. Elle revint à Pontivy, lors de la dissolution des Congrégations.

La deuxième fille, Annette, vivait avec sa tante, Mlle Lejeune, à laquelle la correspondance est adressée.

Toutes les lettres sont de la même écriture. Quelques-unes ne sont pas signées. D'autres sont seulement signées de l'initiale K. Une d'elles porte en toutes lettres le nom de Kaudrin.

Il n'est pas inutile, pour apprécier les véritables sentiments de l'auteur de la correspondance, de citer un extrait d'une longue lettre qu'elle adressait à sa sœur en septembre 1792.

Lymington, 21 septembre 1792

. . . .

« Prenez pour constant que tous les grands du royaume et tous ceux qui ont des places dans le Gouvernement, ont en horreur la Constitution. Ils ne sauraient digérer le mot d'égalité. Ils ne le comprennent pas. Les dames surtout crient bien haut sur cette égalité. N'avoir point de titres, point d'armes, point de livrée ! Quelle horreur ! Pour moi, si je n'avais pas une tête bretonne, il y a longtemps que je serais aux petites maisons.

Lorsque nous eûmes la nouvelle de la suspension du roi, ah ! si vous aviez été témoin comme moi de tout ce qui s'est dit à ce sujet. Non, il n'est pas possible de vous le décrire. Comme l'on sait que je suis patriote jusqu'aux dents, tout ce monde m'attaque. Depuis que je demeure en Angleterre, j'ai toujours vécu avec les grands ; mais ce sont des grands qui sont bien petits à mes yeux ; et j'ai, par la grâce de Dieu, trouvé le secret de me faire respecter. Je n'ai jamais rien demandé à personne ; je gagne ma vie avec honneur ; aussi je leur parle librement. Je ne sais pas adorer le veau d'or.

Vous pensez bien qu'on nous donna des relations terribles de la scène des Tuileries. On dit que les femmes de Paris étaient des monstres, qu'elles allaient parmi les corps morts avec joie et elles déchiraient de leurs mains les blessures des malheureux pour en recevoir le sang et le donner à boire aux mourants, en disant : Bois la chute de ton roi. On n'avait jamais vu de furies plus infernales que les femmes françaises.

« Je dis que tout cela était des calomnies abominables, et un colonel qui était présent s'écria : Sans doute que Madame porterait avec plaisir un ruban teint du sang du roi et de la reine. » — Monsieur, lui dis-je, ne peut-on prendre le parti de sa patrie, sans avoir l'âme meurtrière ? — Une dame dit qu'elle était sûre que si j'étais en France, je trancherais aussi les têtes des aristocrates. — Je répondis que j'étais bien fâchée de l'idée qu'elle avait de moi.

Vous pensez bien, ma chère amie, que ma situation en matière politique est des plus désagréables, mais soyez assurée que je me tire d'affaire à merveille.

Lorsque la nouvelle du massacre des prisonniers arriva, ah! c'est là que j'eus à combattre ! On dit que la Nation française était déshonorée à jamais. Nous avions un grand repas, on souhaita que la foudre du ciel les écrasât et qu'il ne restât pas un Français sur la terre. — O ciel ! m'écriai-je, que dites-vous ? — Quoi ! madame, c'est la canaille qui fait la justice, personne ne les a empêchés de tuer tous ces malheureux, l'Assemblée n'a aucun pouvoir. Ils font les lois ! Ah ! ce n'est pas ainsi que les choses se passent en Angleterre ! Les gens ne sont pas si cruels. Le nom de Français fait horreur...

Je les laissai dire ; mais je pris ma revanche. Je dis que si je n'étais arrivé qu'hier en Angleterre, on pourrait m'en faire accroire. Vous vous plaignez de ce qu'on n'a pas empêché la fureur du peuple. Avez-vous oublié la mémoire de lord George Gordon, en 1780, lorsqu'il voulut faire rappeler un acte qu'on avait rendu en faveur des catholiques romains ? Arrêtâtes-vous la fureur du peuple ? N'ai-je pas vu tous les membres du Parlement sauver leur vie par les fenêtres et le haut des toits, dont plusieurs furent estropiés ? N'ai-je pas vu la cité de Londres en flammes, la banque prête à sauter, toutes les chapelles des ambassadeurs brûlées et la maison du grand juge, lord Manfield, et tous ses manuscrits précieux ? Ne fut-on pas obligé de lever un camp devant le palais du roi et de fermer les portes du Park, et un autre camp à Blockhead ? Les membres du Parlement ne furent-ils pas obligés de porter les cocardes bleues de la canaille, et pour sauver leur vie on dut mettre à toutes les maisons des pavillons bleus pour faire croire qu'on était de leur parti. Combien de personnes qui furent massacrées ? Vous n'avez pas osé punir les coupables. Ne me parlez pas, leur dis-je, du peuple français.

La prise de Longwy et de Verdun a occasionné une joie sans pareille. Il y avait des paris considérables que le duc de Brunswick serait à Paris le 10. On s'imagine que les Français ne résistent jamais aux Prussiens ni aux Autrichiens, on se moque bien de nos troupes, qu'ils nomment *soldats sans culotte.*

Ou dit qu'on vend publiquement, à Paris, des pâtés faits de la chair humaine des aristocrates et que les enfants des patriotes ont tous égorgé ceux des aristocrates.

Je n'en finirais jamais si je vous rapportais toutes les abominations qu'on débite de la France.

Il est arrivé des Français par milliers à Londres, on compte mille prêtres parmi eux. On fait une souscription pour les aider ; mais on dit ouvertement que les patriotes ne seront point reçus, quand le duc de Brunswick entrera à Paris, on a peur qu'ils ne décampent tous ici. Je leur dis de ne point craindre et qu'en dépit d'eux, ma nation aura le dessus. On me reprochait que le gouverneur ou commandant de Verdun n'avait point de religion de s'être brûlé la cervelle. Je demandai si c'était par religion que les Anglais en faisaient autant sans sujet? Je sais leur clore le bec, aussi on me regarde comme quelque chose d'extraordinaire. De grâce, écrivez-moi ce que vous pensez des affaires de France.

Je viens à l'instant de lire des nouvelles de France, on nous les donne jusqu'au 13 courant, j'ai pleuré de joie en voyant le patriotisme d'une grande Nation, qui brisera sûrement les fers du despotisme. La lettre de M. de Scivan, lue à l'Assemblée, me plaît infiniment. Les Rennois, les Brestois et les Normands donnent aussi des marques distinguées de leur courage, etc... Vive les Français patriotes ! Quel exemple pour l'univers !

Extrait des papiers anglais, ce 21 septembre :

« Ceux qui ont pensé que le duc de Brunswick serait à Paris dans le courant de ce mois, et le nombre en est considérable, commencent à craindre de perdre leur pari. Les mouvements de l'armée combinée sont lents, depuis la prise de Verdun, et les obstacles sont si nombreux depuis Sainte-Menehould jusqu'à la capitale, que les craintes des parieurs paraissent être bien fondées.

M. de Talleyrand-Périgord est ici, craignant de subir le sort de M. de la Rochefoucault .. Dites-moi s'il est vrai qu'on a mis à mort ce dernier, car on ne sait que croire des nouvelles qu'on débite.

J'ai toujours écrit un journal de tout ce qui m'est arrivé depuis que j'ai quitté la France. J'ai bien des volumes; j'espère qu'un jour vous les verrez, je les crois assez amusants. On ne peut presque rien dire dans une lettre. Non, personne n'a l'idée du mal qu'on souhaite, dans ce pays, aux Français. Mais on plaint grandement tous les aristocrates et la famille royale. Ah ! comme je désire donc d'avoir quelque bonne nouvelle de nos armées ! Que Dieu les veuille bénir ! et les faire réussir partout !

J'embrasse ma chère fille Annette de tout mon cœur. Je voudrais être avec vous tous; je ne désespère pas d'avoir ce plaisir, avec l'aide de Dieu. Il se fera aussi quelque révolution heureuse qui nous rassemblera tôt ou tard. — Bon soir. — Il est tard, je vais me coucher.

Nous resterons encore deux mois à Lymington, écrivez-moi. »

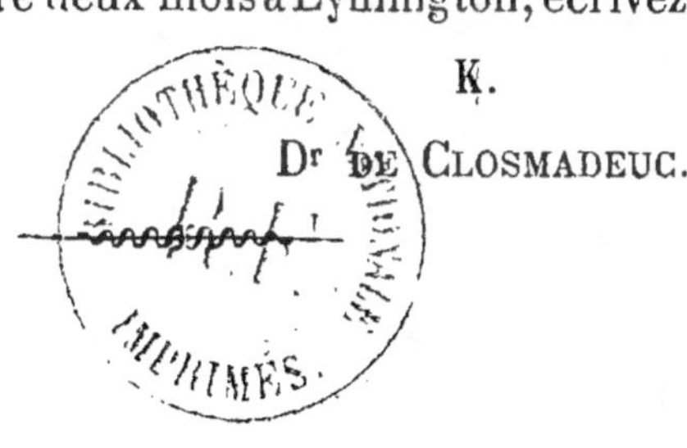

K.

Dʳ DE CLOSMADEUC.

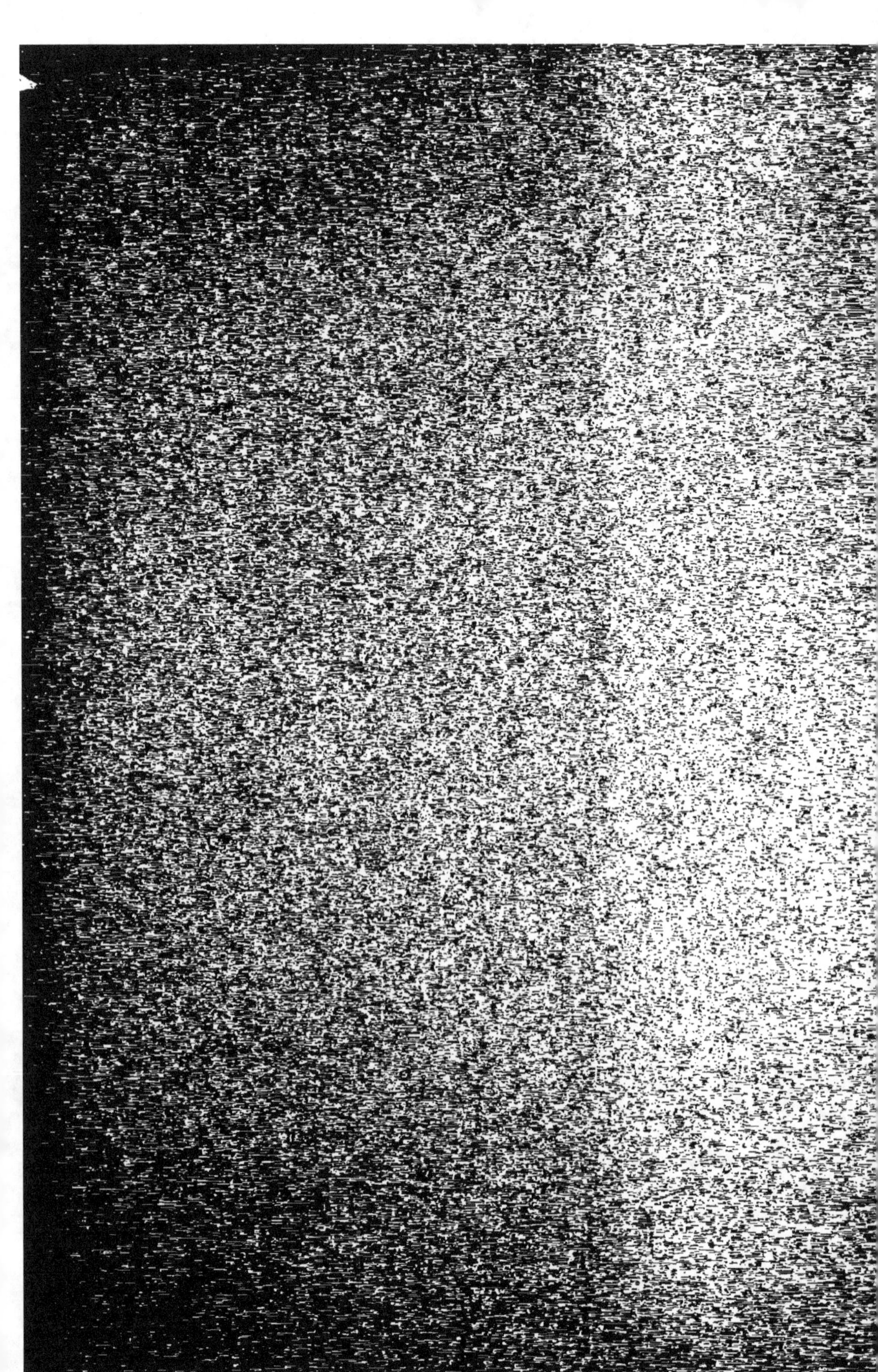